DER TOD
UND
DAS LEBEN
IM JENSEITS

304De

Aus dem Französischen übersetzt
Originaltitel: LA MORT ET LA VIE DANS L'AU-DELÁ

Der Text dieser Broschüre ist teilweise dem Buch
»Die Früchte des Lebensbaums« entnommen
(Reihe Gesamtwerke, Band 32).

© 1987, Éditions Prosveta S.A., France, ISBN 2-85566-868-9
Französische Originalausgabe

© 1998, Éditions Prosveta S.A., France, ISBN 3-89515-058-4
Deutsche Ausgabe: »Der Tod und das Leben im Jenseits«

© 2019 Prosveta Verlag GmbH, Grabenstr. 14, 78661 Dietingen.
Alle Rechte für alle Länder vorbehalten. Jeder Nachdruck sowie jede
Bearbeitung, Darstellung, Bild-, Ton- oder sonstige Ausgabe bedürfen
der ausdrücklichen Genehmigung des Herausgebers.

ISBN 978-3-89515-058-6

Druck 2019: Interpress, Ungarn

Omraam Mikhaël Aïvanhov

Der Tod
und
das Leben
im Jenseits

304De

PROSVETA VERLAG

I

Hölle, Fegefeuer und Paradies

Da der Mensch nach dem Bilde des Universums geschaffen wurde, ist er wie das Universum aus verschiedenen Bereichen zusammengesetzt und diese Bereiche stellen seine verschiedenen Körper dar: physischer Körper, Astral-, Mental-, Kausal-, Buddhi- und Atmankörper, deren Beschaffenheit immer subtiler wird.

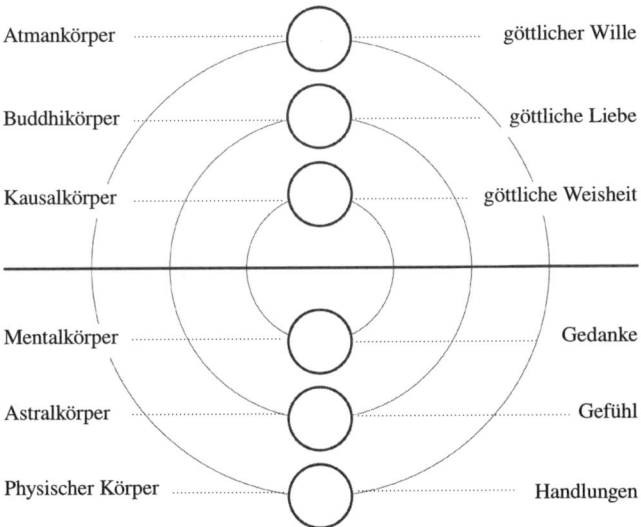

Atmankörper	göttlicher Wille
Buddhikörper	göttliche Liebe
Kausalkörper	göttliche Weisheit
Mentalkörper	Gedanke
Astralkörper	Gefühl
Physischer Körper	Handlungen

Durch seine Körper ist er also mit allen Regionen des Universums verbunden, und je nach Art und Weise seiner Gedanken, Gefühle, Wünsche und Taten verbindet er sich mit der Welt des Lichts oder mit der Welt der Finsternis. Im Moment seines Todes verlässt der Mensch seinen physischen Körper. Wenn er sich während seines irdischen Lebens bemüht hat, seine Instinkte zu beherrschen, hat er seinen Astralkörper gereinigt und wird so, gemäss dem Resonanzgesetz, in der höheren Astralwelt leben dürfen, die eine Welt voller Schönheit und Freude ist. Andernfalls wird er in der niederen Astralwelt leben müssen, wo er großes Leid vorfinden wird. Der Astralkörper ist also gleichzeitig die Welt des Leidens und der Freude; leidend, wenn der Mensch auf einer sehr tiefen Ebene gelebt hat, verstrickt in Begierden und Leidenschaften, und freudig, wenn er es geschafft hat, seine Wünsche zu reinigen und zu läutern.

Das, was die christliche Religion Paradies, Fegefeuer und Hölle genannt hat, sind in erster Linie nicht Orte im Weltall, wo der Mensch nach seinem Tod hingeht, um zu leiden oder sich zu freuen, sondern vor allem sind sie Regionen innerhalb seiner selbst, denen er also nicht entkommen kann, weil sie Teil von ihm sind. Während seines Erdenlebens stellt der physische Körper eine Art

Panzer dar, der ihn daran hindert, die Realität der psychischen Welt zu spüren. Aber im Moment der Loslösung des physischen Körpers findet er sich auf der Astralebene wieder, wo dieser Schutz nicht mehr existiert: Er befindet sich ohne Verteidigung in der psychischen Welt und was er dort empfindet, ist nur die Konsequenz der Bedingungen, die er sich selber während seines Lebens geschaffen hat.

Man kann also sagen, dass die Hölle nichts anderes ist als ein Bewusstseinszustand, der auf der Astralebene sehr intensiv erlebt wird. Ist er jedoch einmal durch den Schmerz gereinigt, kann sich der Mensch endlich befreien. Und so wäre es genauer die Hölle, die man Fegefeuer nennen sollte, obwohl die Hölle, wie ich euch bereits gesagt habe, gar nicht als Ort der ewigen Verdammnis existiert, da ja das Fegefeuer ein Ort der Läuterung und Reinigung ist. Diese Reinigung ist unumgänglich mit Schmerzen verbunden. Auf der Erde kann der Mensch sich vor den Konsequenzen seiner Verbrechen verschließen, er kann sich sogar vor dem Gesetz drücken, doch nach seinem Tod ist dies nicht mehr möglich. In dem Augenblick, in dem er die Astralebene erreicht, wird er all seinen Missetaten gegenüber gestellt, und da er nirgends Zuflucht findet, da er seinen physischen Körper, der ihn hätte beschützen können, nicht mehr hat, ist er gezwungen, die genau gleichen Leiden zu durchleben, die er anderen zugefügt hat.

Ohne Zweifel habt auch ihr schon Albträume gehabt, die meistens abrupt unterbrochen wurden, weil ihr aus dem Schlaf hochgefahren seid und zufrieden festgestellt habt, dass ihr wieder im Schutze eures physischen Körpers seid. Habt ihr da nicht auch gesagt: »Zum Glück war es nur ein Traum!« Warum seid ihr so plötzlich aus dem Schlaf hochgefahren? Weil ihr unbewusst wisst, dass ihr euch nur so vor den euch feindlich gesinnten Wesen und Kräften der Astralebene verteidigen könnt, indem ihr wieder in euren physischen Körper zurückkehrt, der euch als Festung dient, wo ihr euch verstecken könnt. Wenn ihr auf der Astralebene bleibt, seid ihr euren »Feinden« weiterhin ausgeliefert; doch mit dem Verlassen dieser Region, um wieder in euren dichten und soliden physischen Körper einzutreten, entkommt ihr ihnen.

Es kann auch vorkommen, dass Personen, die außergewöhnliche psychische Fähigkeiten besitzen, unter gewissen Umständen aus dem Körper heraustreten und in gefährliche Regionen der Astralwelt gezogen werden, wo sie verfolgt und bedroht werden. Und dann, auch wenn sie aus reiner Neugierde eine solch außergewöhnliche Erfahrung machen, müssen sie sehr vorsichtig sein, da sie nicht abwägen können, wohin sie diese Erfahrung führen kann. Wenn sie auf spiritueller Ebene nicht gut gerüstet sind, sollten sie sich nicht lange dort aufhalten und sich beeilen, wieder in den Schutz ihres physischen Körpers zu gelangen.

Der physische Körper ist eine starke Festung, wo wir in Sicherheit sind. Zum Zeitpunkt unseres Todes sind wir gezwungen, diese zu verlassen, und derjenige, der das Gesetz der Liebe, der Weisheit und der Wahrheit übertreten hat, muss auf der Astralebene für alle seine Übertretungen bezahlen. Glaubt nicht, dies seien nur die Erfindungen eines Klerus, der, um seine Autorität sicherzustellen, einige minderbemittelte und gutgläubige Gemüter beeindrucken will. Dies haben seit jeher die größten Meister der Menschheit gesagt. Großartige Künstler, Maler und Poeten haben diese Welt des Jenseits in ihren Werken dargestellt. Menschen, die als klinisch tot galten, sind nach einer mehr oder weniger langen Zeit wieder ins Leben zurückgekehrt und haben über ihre Erlebnisse in der Astralwelt berichtet. Man darf diese Zeugenaussagen nicht außer Acht lassen, sondern man sollte diese studieren, um zu erkennen, dass sie uns an gewisse grundlegende Wahrheiten erinnern sollen.

So muss der Mensch nach seinem Tod auf der Astralebene alles Böse, das er anderen zugefügt hat, selbst erleiden und für jede Übertretung büßen. Glaubt nicht, dass die kosmische Intelligenz sich an euch rächen oder euch bestrafen will. Nein, sie hat ganz einfach Gesetzte aufgestellt, die der Mensch lernen muss, zu respektieren, um auf dem Wege der Entwicklung weiterzukommen. Und wenn uns diese zum Erleiden der gleichen Schmerzen, die wir anderen angetan haben, zwingt, so nur deshalb, weil es die einzige Art und Weise ist, dem Menschen bewusst zu machen, was er getan hat, damit er sich bessern kann. Die Dauer seines Aufenthaltes in diesen niederen Regionen der Astralebene hängt von der Schwere seiner Missetaten ab. Derjenige, der sich keiner schweren Übertretungen schuldig gemacht hat, durchläuft diesen Abschnitt sehr schnell, hingegen dauert dieser für andere sehr viel länger.

Hat der Mensch seine Schulden genau beglichen, tritt er in die Region der höheren Astralwelt ein, wo er in Freude und Entzückung lebt, den Glücksgefühlen gleich, die er andere auf der Erde spüren ließ. Alles, was er ihnen Gutes getan hat, indem er ihnen half, sie ermutigte, ihnen Hoffnung gab, den Glauben und die Liebe in ihnen weckte, soll er jetzt im Astralen selbst verspüren, damit er entsprechend belohnt wird. Hier beginnt das Paradies.

Danach steigt er in die höhere Mentalebene auf, denn auch dort wartet etwas auf ihn. Derjenige der Gutes tut, sowie derjenige, der Schlechtes tut, ist sich seiner Taten nicht immer bewusst: Instinktiv ohne weiter darüber nachzudenken, hilft er anderen und schenkt ihnen Freude. Doch die kosmische Intelligenz will, dass der Mensch sich im Guten wie im Schlechten kennt, damit er die Gesetze kennen lernt. Dies ist der Grund, warum ein unbewusster Wohltäter seine guten Taten nicht nur selbst spüren, sondern sehen und verstehen muss. Dadurch kann er viele Dinge verstehen und seine Bemühungen mit noch mehr Überzeugung auf dem Weg des Guten fortsetzen. Denn es genügt nicht, korrekt zu handeln, sondern man muss lernen, im Wissen über die Ursachen zu handeln und so die Gesetze, die das Universum regieren, erkennen. Wenn der Mensch danach die höhere Mentalebene durchdringt, wo er im Detail all das Gute entdeckt, das er gemacht hat und wie dieses auf die anderen gewirkt hat, wird er entzückt sein.

Danach erhebt er sich in die Region der Kausalebene; dort werden ihm alle Schätze der Weisheit dargeboten und die Mysterien werden ihm offenbart. Wenn er in die Buddhi-Ebene eintritt, vereinigt er sich mit der Universalseele, wo er ein unbeschreiblich schönes Leben in Liebe und Schönheit führt. Es gibt keine Worte dafür zu erklären, was er entdeckt, wenn er auf die Atmanebene gelangt: Es stellt die endgültige Verschmelzung mit dem Schöpfer dar.

Doch der Mensch kann nicht auf unbegrenzte Zeit in diesem Glücksgefühl bleiben, denn er muss wiedergeboren werden, um andere Erfahrungen auf seinem Wege der Entwicklung zu machen. Er durchläuft also in umgekehrter Reihenfolge die gleichen Regionen und nimmt sich aus jeder so viel Material mit, wie er braucht, um sich ein neues Kleid, einen dichteren Körper zu gestalten, je weiter er in die Materie hinabsteigt. Kommt er dann bei seiner Geburt im physischen Körper an, erinnert er sich an nichts mehr, weder an das Leid noch an die Freude und auch nicht an das Gelernte. Aber alles ist gespeichert. Und wenn er den ehrlichen Wunsch besitzt zu lernen und sich an gewisse Regeln im Leben zu halten, bekommt er Zugang zu seinem Erinnerungsvermögen.

Es ist sicherlich nicht allen gegeben, ihre tief verborgenen Erinnerungen an ihr Leben im Jenseits hervorkommen zu lassen. Doch ein jeder ist gemäß seinen Bemühungen fähig zu begreifen und sogar zu fühlen, dass alles auf psychischer Ebene Erlebte in ihm aufgezeichnet wird. Die Natur hat seit langem die besten Elektroniker übertroffen.

An die Herzspitze des Menschen hat sie eine Magnetspule in Größe eines Atoms eingesetzt, die aus einer extrem subtilen Materie besteht und während des ganzen Lebens alles aufzeichnet, was sich in seinem Inneren abspielt. Wenn der Mensch in die andere Welt hinübergeht, trennt er sich vom physischen Körper, bleibt aber mit dieser Magnetspule verbunden, und in dem Augenblick, wo er vor seinen Richtern steht, laden sie ihn ein, seinen Lebensfilm in Ruhe zu betrachten. Er sieht jede Einzelheit seines Lebens und hat keine Chance, sich davor zu drücken.

Diesem inneren Gericht kann keiner entkommen. Der Mensch muss nicht nur auf der Astralebene für alle seine Übertretungen auf Erden büßen, sondern muss darüber hinaus seine Missetaten in verstärktem Maße durchleiden, da er nicht mehr im Schutze seines physischen Körpers steht. Konnte er auch auf der Erde den unmittelbaren Folgen seiner Gleichgültigkeit gegenüber den Gedanken, Gefühlen und Worten seiner Mitmenschen oder der Verfolgung durch das Gesetz entfliehen, so ist dies hier nicht mehr möglich, weil die Gedanken, Gefühle und Worte der Lebenden unmittelbar kommen, um ihn zu misshandeln, zu beißen, zu stechen und zu brennen. Es gibt nichts Entsetzlicheres als auf der Astralebene nackt und verletzbar dazustehen.

Nur weil der Mensch auf der Astralebene für seine Fehler gelitten hat, heißt das nicht, dass er sie auch gebüßt hat. Um sie völlig abzubüßen, muss er sie wiedergutmachen. Die wahre Evolution des Menschen spielt sich auf der Erde ab. Sogar jemand, der sehr lange Zeit im Fegefeuer oder in der Hölle, wie es die Christen nennen, für seine Missetaten gelitten hat, muss auf die Erde zurückkehren und seine Übertretungen wieder gutmachen. Ja, es genügt nicht, nur zu leiden, da das Leid keine Wiedergutmachung für die begangenen Fehler darstellt. Es existiert ein Gesetz, das besagt, dass der Mensch alle Schäden, die er in allen Regionen des Universums durch sein böswilliges Handeln verursacht hat, wiedergutmachen muss. Wenn er seine Fehler bereits auf der Astralebene gebüßt hätte, warum sollte er dann auf die Erde zurückkehren müssen? Da er seine Übertretungen auf der Erde begangen, ist es auch auf der Erde, wo er diese zu reparieren hat. Nur unter dieser Bedingung hat die Wiedergeburt einen Sinn.

II

Wie sollten unsere Beziehungen zu den Seelen der Toten sein?

Wenn ein Mensch gestorben ist, ist er normalerweise nicht mehr an den Orten, wo er gelebt, und nicht in den Dingen, die er hinterlassen hat. Er ist nicht einmal mehr im Grab, wo man seinen Körper hineingelegt hat. Sicherlich ist es normal, gewisse Gegenstände, die ihm gehörten, als Souvenir aufbewahren zu wollen oder sich an seinem Wohnsitz zu versammeln oder an seinem Grab auf dem Friedhof. Aber man muss auch wissen, dass er, sein Geist, in der Regel nicht mehr da ist. Indem man sich wünscht, er wäre noch da und sich an etwas klammert, was noch da sein könnte, hält man ihn zurück, schränkt man ihn ein, ja quält man ihn sogar.

Deswegen sollte man sein Hinscheiden nicht mit Reue, Tränen und Wehklagen begleiten. Die Reue und der Kummer der Lebenden, die sie auf der Erde zurückgelassen haben, sind eine Qual für die Verstorbenen, solange sie nicht die Regionen der Astral- und Mentalebene überschritten haben. Erst wenn sie die Region der Kausalebene erreicht haben, kann sie nichts mehr beeinträchtigen; sie befinden sich in einer Art magischem Lichtkreis und kein Ruf der Lebenden, keine Bitte kann diesen Kreis passieren, wenn sie es nicht selber wünschen. Man sollte also für die Toten beten, ihnen Licht schicken, damit sie Frieden finden und sich befreien können, aber man darf sich nicht an sie hängen und erst recht nicht versuchen, sie wieder zur Erde zurückzuführen.

In den alten Büchern findet man zahlreiche Berichte über Totenbeschwörungen. Eine Episode aus der Odyssee erzählt, dass Odysseus den Schatten des Wahrsagers Tiresias heraufbeschworen hat, um ihm die Zukunft vorauszusagen. Das alte Testament berichtet von dem Besuch des Königs Saul bei der Seherin von En-Dor: Es war sein Wunsch, den Schatten des Propheten Samuel heraufzubeschwören, damit er ihm den Ausgang des Krieges gegen die Philister prophezeie (1 Sam 28). Diese Art von Beschwörung bezeichnet man als »Nekromantie«, weil es sich um eine Voraussage (Mantik) durch die Vermittlung der Verstorbenen (nekro) handelt. Die Seherin erweckte tatsächlich den Schatten des Propheten Samuel, welcher sogleich, als er erschien, zu Saul sagte: »Warum hast du mich durch deinen Ruf gestört?« Ja, denn die großen Geister, die auf Erden gelebt haben, mögen es ganz und gar nicht, gestört zu werden, nur um die Neugierde und Interessen der Lebenden zu befriedigen. Natürlich haben sie die Lebenden nicht vergessen, aber selbst wenn sie auf einen Ruf hin antworten würden, fühlen sie sich doch so weit von den kleinlichen und beschränkten Beschäftigungen der Lebenden entfernt.

Sicher, die meisten Menschen, die die Erde verlassen, durchtrennen ihre irdischen Banden nicht sofort: Sie bleiben mit ihren Eltern, Freunden (und Feinden!), vertrauten Stätten und materiellem Vermögen verbunden, und wenn sie in ihrem Herzen und in ihrer Seele nie den Wunsch verspürt haben, andere Realitäten zu entdecken, kreisen sie ständig um diese Menschen, Häuser und Objekte herum. Diese umherirrenden Seelen leiden, weil sie sich noch nicht befreien können, obwohl ihnen die lichtvollen Geister zu Hilfe kommen. Hingegen verlassen solche, die während ihres Lebens ein hohes spirituelles Ideal genährt haben, ihren Körper sehr schnell und erheben sich in subtilere Regionen, wo sie in Licht und Freude schwimmen. Von dort aus können sie den unten Gebliebenen ihre Segnungen zukommen lassen, um ihnen zu helfen und sie zu beschützen. Jedoch kehren sie niemals zu den Lebenden zurück, wie so viele es sich vorstellen. Vom Augenblick ihres Todes an sind sie weit von der Erde entfernt und steigen nicht mehr hinunter.

Ihr werdet sagen: »Aber wie können denn die Spiritisten glauben, mit gewissen bekannten Persönlichkeiten aus der Vergangenheit in Verbindung zu treten?« Nein, in Wirklichkeit sind es gar nicht diese, mit denen sie Kontakt aufnehmen, sondern es spielt sich Folgendes ab: Wenn der Mensch sich befreit, um in die andere Welt hinüberzugehen, hinterlässt er gewisse Kleidungsstücke. Selbstverständlich spreche ich nicht von den physischen Kleidern, sondern von ätherischen, astralen und mentalen Kleidern, die in der Atmosphäre treiben, und die von allem, was der Mensch erlebt, gefühlt und gedacht hat, durchdrungen sind. Diese gleichen leeren, von ihren Bewohnern verlassenen Schalen. In spiritistischen Sitzungen vermag das Fluidum der Anwesenden diese wieder zum Leben zu erwecken und so die Verstorbenen wachzurufen. Da diese Personen im Allgemeinen nicht sehr entwickelt sind, ist ihr Fluidum von Leidenschaften, Sinnlichkeit und Begierden erfüllt, und somit ziehen sie allerlei Wesenheiten an, die von dem Zentrum der Erde noch nicht absorbiert wurden.

Der psychische Raum, der die Erde umgibt, wird natürlich von den niederen Wesen, die ihn belasten, befreit, indem sie zurückgedrängt und vom Zentrum der Erde aufgesogen werden. Doch schweifen weiterhin einzelne herum, die man

Larven und Elementarwesen nennt, und gerade diese sind es, die oft in spiritistischen Sitzungen erscheinen. Natürlich können solch unerwünschte Wesenheiten die Menschen nur täuschen und in die Irre führen. Sie werden von ihnen nicht nur an der Nase herumgeführt, sondern auch ihrer Kraft beraubt, da sie, um etwas länger am Leben zu bleiben, den Menschen ihre Vitalität absaugen.

Durch ein Medium belebt, sprechen diese im Namen wessen ihr wollt: Moses, Jesus, Jeanne d'Arc... sie sind alle in Reichweite der niedersten Wesenheiten, dies beweist also gar nichts. Jedenfalls ist es nicht ein Haufen frivoler, neugieriger, sensationslüsterner Leute, die in diesen spiritistischen Sitzungen erhabene Geister anziehen werden. Alles, was diese Personen anziehen, gehört zum Abschaum der niederen Astralwelt, Larven, Schatten...

Wenn dagegen reine, lichtvolle und selbstlose Menschen sich versammeln, um zu beten und mit der himmlischen Welt in Kontakt zu treten, können sich wirklich sehr lichtvolle Wesen durch sie manifestieren. Doch haben solche Manifestationen nichts mit den in spiritistischen Sitzungen heraufgeschworenen Wesenheiten gemeinsam, sie sind lautlos und produzieren keine Spezialeffekte. Sie erfüllen die Seelen mit Licht, Frieden und Inspiration.

In der psychischen Welt leben auch Wesen, die nur durch die Vorstellungskraft der Menschen eine Existenz erhalten, Persönlichkeiten aus der romanischen Literatur und selbst gewisse Heilige, deren Leben völlig erfunden wurde. Diese Geschöpfe haben die Gedanken und Gefühle der Leser und der Gläubigen dermaßen beschäftigt, dass sie dadurch ins Leben gerufen wurden. Natürlich nicht auf physischer Ebene, aber fluidal existieren sie; und da sie existieren, können sie auf die Mentalität der Menschen einwirken.

Die Wesenheiten, die man »Egregore« nennt, haben den gleichen Ursprung. Ein Egregore ist eine kollektive Wesenheit, die durch die Gedanken eines jeden Mitglieds einer Gruppe, eines Volkes oder von Religionsanhängern gebildet wurde. Ihre Gedanken und Wünsche, die alle in eine Richtung gelenkt werden, formen ein Egregore: eine Wesenheit, die von dieser Kollektivität erfüllt, genährt und geformt wird. Alle Kirchen und alle spirituellen Bewegungen haben ihr eigenes Egregore, wie auch alle politischen Organisationen und unausweichlich geschieht es, dass diese Egregore in der unsichtbaren Welt sich gegenseitig widersetzen und sich bekämpfen. Jedes Egregore hilft der Gemeinschaft, die es gebildet hat, da es einen großartigen Kraftspeicher darstellt. Symbolisch gesehen weisen sie oft die Form eines Tieres auf: eines Bären, Tigers, Hahns, Adlers oder einer Taube usw. An dem Tage, an dem die Menschen verstanden haben werden, ein Egregore zu bilden, das ihnen hilft, alle Lebewesen auf der Erde zu erleuchten, werden sie in ihrer Entwicklung einen großen Schritt weiter gekommen sein.

Die Astralwelt ist also von verschiedenen Lebewesen bevölkert, von denen die Mehrzahl der Menschen keine Ahnung hat. Jedoch, ob sie es wissen oder nicht, treten sie mit denen in Verbindung, mit denen sie in Resonanz sind. Auf diese Weise ziehen die Teilnehmer von spiritistischen Sitzungen Wesenheiten aus dem Ozean der Astralwelt an, doch sind diese nur selten jene Toten, die sie treffen wollten. Glaubt nicht, dass es ausreicht, wenn ein Medium fragt: »Geist, bist du da?« damit ihr auch wirklich dem begegnet, den ihr gesucht habt! Nichts ist fragwürdiger als das, und die Wesenheiten, die euch durch ein Medium antworten, sind oft nur Larven der Astralebene, die es sehr gut verstehen, die Menschen zu täuschen. Gott allein weiß, wo sich das gesuchte Wesen aufhält! Ihr sagt: »Wie kommen diese Wesenheiten dazu, genügend Informationen über bestimmte, bereits seit langem verstorbene Persönlichkeiten zu besitzen, sodass sie sich ohne weiteres als diese ausgeben können?« Das ist nicht schwierig, denn alles ist in der Akasha-Chronik aufgezeichnet, in diesem ätherischen Archiv des Universums, wo sich diese Wesenheiten schnell informieren können, genau wie die Menschen sich eines Computers bedienen. Da sie aber nicht sehr weit entwickelt sind, geben sie oft auf die gestellten Fragen fehlerhafte Antworten. Alles hängt von der Person ab, die sich an die unsichtbare Welt richtet. Ist diese sehr rein und selbstlos, erhält sie eine genaue Antwort; nicht weil sich die Geister herabgelassen haben, sondern weil sie sich bis zu ihnen hinauf erhoben hat, um mit ihnen in Kontakt zu treten. Und während sie aufgestiegen ist, ist sie weisen, lichtvollen und wohlwollenden Geistern begegnet.

Es kommt vor, dass bestimmte Geister gezwungen werden, ihre Region zu verlassen und dem Ruf eines mächtigen Schwarzmagiers zu folgen. Diese bedienen sich magischer Formeln, deren Geheimnisse sie kennen, um sie zum Abstieg zu zwingen. Aber dies ist ungewöhnlich und unüblich; es liegt am Menschen sich mittels seiner Gedanken zu den Regionen zu erheben, wo diese Geister beheimatet sind. Die Toten sollten nicht mehr auf die Erde hinabsteigen müssen.

Es existieren also zwei Arten, mit den Toten in Verbindung zu treten: sich mittels seiner Gedanken bis zu den erhabenen Geistern aufzuschwingen, von denen wir den Segen erbitten (was man eine Anrufung nennt) und versuchen, die Seelen der Toten zurückzuholen, damit sie sich manifestieren (was man eine Beschwörung nennt). Wie schon gesagt, gelingt es im Allgemeinen nicht, die wirkliche Anwesenheit dieser Geister zu erreichen, die man beschwören wollte. Es sind andere Wesenheiten, die deren Form und Stimme annehmen, und diese sind lediglich darauf aus, die Menschen zu täuschen.

Die unsichtbare Welt ist genauso bevölkert wie die sichtbare; man findet dort hoch entwickelte, lichtvolle, reine und wahrhaftige Wesen, und auch andere, die sich im Gegenteil einen Spaß daraus machen, die Menschen zu täuschen, sich über sie lustig zu machen und ihnen Schaden zuzufügen. Also seid vorsichtig, denn es sind oft die Letzteren, die sich an spiritistischen Sitzungen zeigen. Ihr seid erstaunt? Aber wie könnt ihr euch bloß vorstellen, dass die erhabensten Wesen auf den Ruf des Erstbesten antworten, der sich Medium nennt, und sich stören lassen, nur um eure Neugierde und eure Bedürfnisse zu befriedigen? Die Beschaffenheit der erhaltenen Nachricht und deren

Wahrhaftigkeit hängen vom Grad eurer Entwicklung und derer des Mediums ab. Die Menschen entscheiden durch die Qualität ihres Innenlebens über die Natur der angezogenen Wesenheiten.

Viele unter euch werden sich fragen: »Aber warum erlaubt der Himmel der unsichtbaren Welt die Menschen zu täuschen?« Oh, wisst ihr, der Himmel erlaubt noch einiges. In den Sümpfen oder auf dem Grund des Ozeans ist alles erlaubt. Es liegt an uns, wachsam zu sein und uns nicht auf solche Abenteuer einzulassen. Derjenige, der persönlich oder durch ein Medium mit den Geistern der unsichtbaren Welt in Kontakt treten will, muss sein Feingefühl entwickeln, um die Natur dieser Geister, die sich manifestieren (oder das, was man »Geister« nennt) zu kennen und nicht alles blindlings akzeptieren. In den Nachrichten des Jenseits können sich das Wahre und das Unwahre vermischen, und so muss man fähig sein, zu unterscheiden.

Aber die Menschen suchen das Abenteuer in der unsichtbaren Welt ohne wirklich zu wissen, was sie ist oder von welchen Wesen sie bewohnt wird. Solche, die es tatsächlich verstehen einen Blick in diese mysteriöse Welt zu werfen, sind sehr selten. Ja, es gibt nur sehr wenige wahre Hellsichtige, sehr wenige wahre Medien. Derjenige, der mit den Geistern Verbindung aufnehmen will, muss die Risiken kennen. Er kann korrekte Antworten erhalten, aber auch da kommt es vor, dass nur der Zufall im Spiel war.

Man muss also sehr vorsichtig sein. Ich habe niemandem je geraten, an solchen spiritistischen Sitzungen teilzunehmen, niemals. Im Gegenteil. Als ich noch jung war, wurde ich zu einigen solcher Sitzungen eingeladen, aber ich habe sehr schnell verstanden, dass die Anwesenden nur in den niederen Regionen des Bewusstseins herumwateten. Da sie glaubten, mit ihren Eltern oder Freunden zu kommunizieren, zogen sie Wesen der niederen Astralwelt an, denen sie sich nicht mehr entledigen konnten, da diese weiterhin versuchten, ihre krankhaften Bedürfnisse durch sie zu befriedigen. Dies ist der Grund, warum es schon mit vielen Spiritisten ein schlechtes Ende genommen hat.

Also lasst die Verstorbenen in Ruhe ziehen. Klammert euch nicht an eure Eltern, eure Freunde, haltet sie nicht durch euren Kummer und euer Bedauern zurück und versucht vor allem nicht, sie zurückzurufen, mit ihnen zu kommunizieren; ihr belästigt sie und hindert sie, sich zu befreien. Betet für sie, sendet ihnen eure Liebe, denkt daran, dass sie sich befreien und sich immer weiter ins Licht hinein erheben. Wenn ihr sie wirklich liebt, dann

wisst, dass ihr eines Tages bei ihnen sein werdet.
Das ist die Wahrheit. Wie oft habe ich es euch
schon gesagt: Dort wo eure Liebe ist, werdet auch
ihr eines Tages sein.

Und in der Zwischenzeit existieren sicherere
Methoden, die weniger gefährlich sind, um ein
geliebtes Wesen wiederzufinden. Wenn dieses
Wesen große spirituelle Fähigkeiten besaß, hält
es sich jetzt an einem Ort voller Frieden, Licht
und Schönheit auf. Der folgende Weg ist der einzig unfehlbare, wie ihr diesem Wesen begegnen
könnt: Bemüht euch, die gleichen Fähigkeiten zu
erwerben, die ihr bei ihm festgestellt hattet, als er
noch lebte. Natürlich ist dies sehr viel schwieriger,
als einfach ein Medium zu bitten, seinen Geist heraufzubeschwören oder auf den Friedhof zu gehen
und dort ein Foto anzustarren, um so alle mögli-
chen Trugbilder zu nähren. Doch wenn ihr dieses
Wesen wirklich wiederfinden wollt, habt ihr keine
andere Möglichkeit, denn diese Begegnung kann
nur gemäß dem Gesetz der Affinität stattfinden.
Indem ihr die gleichen Qualitäten entwickelt, werdet ihr seinen Geist wiederfinden.

207 – Was ist ein geistiger Meister?

Wie man einen wirklichen geistigen Meister erkennt / Von der Notwendigkeit eines geistigen Führers / Spielt nicht den Zauberlehrling! / Spiritualität nicht mit Exotik verwechseln / Vom Ausgleich zwischen geistiger und materieller Welt / Der Meister, ein Spiegel der Wahrheit / Erwartet von einem Meister nur das Licht / Der Schüler vor dem Meister / die universelle Dimension eines Meisters / Die magische Gegenwart eines Meisters / Die Identifizierung / »Wenn ihr nicht werdet wie die Kinder«.

208 – Das Egregore der Taube. Innerer Friede und Weltfriede

Ein besseres Verständnis des Friedens / Die Vorteile der Völkervereinigung / Aristokratie und Demokratie / Kopf und Magen / Vom Geld / Über die Verteilung des Reichtums / Kommunismus und Kapitalismus, zwei sich ergänzende Philosophien / Eine neue Auffassung der Wirtschaft / Was jeder Politiker wissen sollte / Das Reich Gottes.

209 – Weihnachten und Ostern in der Einweihungslehre

Das Weihnachtsfest / Die zweite Geburt / Die Geburt auf den verschiedenen Ebenen / »Wenn ihr nicht sterbt, so werdet ihr nicht leben!« / Die Auferstehung und das Jüngste Gericht / Der Auferstehungsleib.

210 – Die Antwort auf das Böse

Die beiden Bäume im Paradies / Das Gute und das Böse - Zwei Kräfte, die das Rad des Lebens drehen / Jenseits von Gut und Böse / Das Gleichnis vom Unkraut und vom Weizen / Die Philosophie der Einheit / Die drei großen Versuchungen / Die Frage der Unerwünschten / Über den Selbstmord / Das Böse durch Licht und Liebe besiegen / Sich spirituell stärken, um die Prüfungen zu überwinden.

211 – Die Freiheit, Sieg des Geistes

Die psychische Struktur des Menschen / Die Beziehungen zwischen Geist und Körper / Schicksal und Freiheit / Der befreiende Tod / Die Freiheit des Menschen liegt in der Freiheit Gottes / Die wahre Freiheit / Sich begrenzen, um sich zu befreien / Anarchie und Freiheit / Über den Begriff der Hierarchie / Die innere Synarchie.

212 – Das Licht, lebendiger Geist

Das Licht, Essenz der Schöpfung / Die Sonnenstrahlen: ihre Natur und ihre Aktivität / Das Gold, kondensiertes Sonnenlicht / Das Licht macht es möglich zu sehen und gesehen zu werden / Die Arbeit mit dem Licht / Das Prisma, Bild des Menschen / Die Reinheit öffnet dem Licht die Türen / Das intensive Leben des Lichts leben / Der Laserstrahl im geistigen Leben.

213 – Die menschliche und göttliche Natur in uns

Menschlich... oder tierisch? / Die niedere Natur, eine umgekehrte Spiegelung der höheren Natur / Auf der Suche nach unserer wahren Identität / Über die Möglichkeit, den Begrenzungen der niederen Natur zu entgehen / Die Sonne, Symbol der göttlichen Natur / Die niedere Natur beherrschen und als Energiequelle benutzen / Der höheren Natur mehr Äußerungsmöglichkeit geben: sich bessern / Die Stimme der göttlichen Natur / Der Mensch kann sich nur dann entfalten, wenn er seiner höheren Natur dient / Die höhere Natur in sich selbst und anderen fördern / Die Rückkehr des Menschen in Gott.

214 – Liebe, Zeugung und Schwangerschaft
Die geistige Galvanoplastik / Mann und Frau - Abbild des männlichen und weiblichen Prinzips / Die Ehe / Lieben ohne Besitzanspruch / Wie man der Liebe eine edlere Ausdrucksform gibt / Nur die geistige Liebe schützt die menschliche Liebe / Der Liebesakt aus der Sicht der Einweihungslehre / Die Sexualkraft, Bestandteil der Sonnenenergie / Die Zeugung eines Kindes / Die Schwangerschaft / Die Kinder von Verstand und Herz / Die Frau soll ihren wahren Platz wieder einnehmen / Das Reich Gottes, Kind der kosmischen Frau.

215 – Die wahre Lehre Christi
»Vater unser, der Du bist im Himmel« / »Ich und der Vater sind eins« / »Seid vollkommen, wie euer Vater im Himmel vollkommen ist« / »Suchet zunächst das Reich Gottes und seine Gerechtigkeit« / »Wie im Himmel, so auf Erden« / »Wer mein Fleisch isst und mein Blut trinkt, hat das ewige Leben« / »Vater vergib ihnen, denn sie wissen nicht, was sie tun« / »Wenn dich jemand auf deine rechte Backe schlägt…« / »Wachet und betet«.

216 – Geheimnisse aus dem Buch der Natur
Das Buch der Natur / Tag und Nacht / Quelle und Sumpf / Die Vermählung, ein universelles Symbol / Die Arbeit mit den Gedanken zur Gewinnung der Quintessenz / Die Macht des Feuers / Die entschleierte Wahrheit / Der Hausbau / Rot und weiß / Der Strom des Lebens / Das neue Jerusalem / Lesen und schreiben.

217 – Ein neues Licht auf das Evangelium
»Man füllt nicht jungen Wein in alte Schläuche« / »Wenn ihr nicht werdet wie die Kinder« / Der ungerechte Verwalter / »Sammelt euch Schätze« / »Gehet ein durch die enge Pforte« / »Wer auf dem Dach ist…« / Der Sturm, der sich gelegt hat / »Die Ersten werden die Letzten sein« / Das Gleichnis von den fünf törichten und den fünf klugen Jungfrauen / »Das ist das ewige Leben, dass sie dich erkennen, der du allein wahrer Gott bist!«.

218 – Die geometrischen Figuren und ihre Sprache
Die Symbolik der Geometrie / Der Kreis / Das Dreieck / Das Pentagramm / Die Pyramide / Das Kreuz / Die Quadratur des Kreises.

219 – Geheimnis Mensch
Die menschliche Evolution und die Entwicklung der spirituellen Organe / Die Aura / Das Sonnengeflecht / Das Harazentrum / Die Kundalinikraft / Die Chakras.

geistern / Blumen und Düfte / Wir alle üben Magie aus / Die drei magischen Hauptgesetze / Die Hand / Der Blick / Die magische Kraft des Vertrauens / Die wirkliche Magie ist die Liebe / Ihr solltet niemals versuchen Rache zu üben / Exorzismus und Weihe von Gegenständen / Schützt eure Wohnstätte.

227 – Goldene Regeln für den Alltag
Das kostbarste Gut: das Leben / Bringt materielles und geistiges Leben in Übereinstimmung / Widmet euer Leben einem erhabenen Ideal / Der Alltag, Materie, die der Geist umwandeln soll / Das Essen als Yogaübung betrachten / Die Atmung / Wie man wieder zu Kräften kommt / Liebe macht unermüdlich / Der technische Fortschritt schenkt dem Menschen mehr Zeit für die spirituelle Arbeit / Gestaltet euer inneres Zuhause / usw.

228 – Einblick in die unsichtbare Welt
Das Sichtbare und das Unsichtbare / Das begrenzte Wahrnehmungsvermögen des Intellekts und das unbegrenzte Wahrnehmungsvermögen der Intuition / Der Zugang zur unsichtbaren Welt: von Jesod nach Tiphereth / Die Hellsichtigkeit: Aktivität und rezeptivität / Sollte man sich von Hellsehern beraten lassen? / Liebt, und eure Augen werden sich auftun / Die Botschaften des Himmels / Sichtbares und unsichtbares Licht / Die höchsten Entwicklungsstufen der Hellsichtigkeit / Das spirituelle Auge / Gottesvision / usw.

229 – Wege der Stille
Lärm und Stille / Die Verwirklichung der inneren Stille / Laßt eure Sorgen vor der Tür / Eine Übung: in Stille essen / Die Stille, ein Energiespeicher / Die Bewohner der Stille / Harmonie als Voraussetzung der inneren Stille / Die Stille, Voraussetzung für das Denken / Suche nach Stille, Suche nach dem Zentrum / Menschliches und Göttliches Wort / Das Wort eines Meisters in der Stille / Stimme der Stille, Stimme Gottes / Die Offenbarungen des Sternenhimmels / »Das stille Kämmerlein«.

230 – Die Himmlische Stadt
Besucht auf Patmos / Einführung in die Offenbarung / Melchisedek und die Lehre von den beiden Prinzipien / Briefe an die Gemeinden von Ephesus und Smyrna / Brief an die Gemeinde von Pergamon / Brief an die Gemeinde von Laodizäa / Die Vierundzwanzig Ältesten und die vier Heiligen Tiere / Das Buch und das Lamm / Die 144.000 Diener Gottes / Die Frau und der Drache

231 – Saaten des Glücks
Das Glück ist eine Gabe, die gepflegt werden muss / Vergnügen ist noch kein Glück / Nur die richtige Arbeit macht glücklich / Die Philosophie der Anstrengung / Licht ist das, was glücklich macht / Der Sinn des Lebens / Frieden und Glück / Seid »lebendig«, um glücklich zu sein / erhebt euch über die Lebensbedingungen! / Entwickelt eure Sensibilität für die göttlich Welt / Das Land Kanaan / Der Geist steht über den Gesetzen des Schicksals

232 – Feuer und Wasser, Wunderkräfte der Schöpfung

Wasser und Feuer, Grundprinzipien der Schöpfung / Das Geheimnis der Verbrennung / Die Entdeckung des Wassers / Wasser und Zivilisation / Eine lebendige Kette: Sonne-Erde-Wasser / Die Arbeit des Schmiedes / Das Gebirge, Mutter des Wassers / Vom physischen Wasser zum spirituellen Wasser / Nährt eure Flamme / Das Feuer ist das Mittel der Verwirklichung

233 – Eine Zukunft für die Jugend

Die Jugend ist wie die Erde im Entwicklungsprozess / Die Grundlage unserer Existenz ist der Glaube an einen Schöpfer / Der Sinn für das Heilige / Die Stimme der höheren Natur / Den richtigen Weg einschlagen / Studieren genügt nicht, um dem Leben einen Sinn zu geben / Der Charakter ist wichtiger als das Wissen / Erfolg wie Misserfolg meistern / Erkennt, wonach Seele und Geist streben! / Die göttliche Welt ist unsere innere Welt

234 – Die Wahrheit, Frucht der Weisheit und der Liebe

Die Suche nach der Wahrheit / Die Wahrheit, Kind der Weisheit und der Liebe / Weisheit und Liebe oder Licht und Wärme / Die Liebe des Schülers, die Weisheit des Meisters / Der Kern der Wahrheit / »Ich bin der Weg, die Wahrheit und das Leben« / Der blaue Strahl der Wahrheit / Die wirklich wahre Wahrheit / Bleibt der Wahrheit treu /

235 – Im Geist und in der Wahrheit

Das Gerüst des Universums / Das Göttliche Amt für Gewichte und Maße / Die Verbindung mit dem Zentrum / Die Eroberung des Gipfels / Von der Vielfalt zur Einheit , Teil 1 und Teil 2 / Die Errichtung des Gebäudes / Die Kontemplation der Wahrheit: Die entschleierte Isis, Teil 1 und Teil 2 / Das Lichtkleid / Die Haut, Organ der Erkenntnis / Der Duft des Garten Eden

236 – Weisheit aus der Kabbala

Vom Menschen zu Gott: Der Hierarchiebegriff / Darstellung des Lebensbaumes / Die Engelshierarchien / Die Namen Gottes / Die Sephiroth der mittleren Säule / Ain Soph Aur: Licht ohne Ende / Die Materie des Universums: das Licht / »Als der Ewige den Kreis zog über den Fluten der Tiefe...« / »Das Reich Gottes gleicht einem Senfkorn«

237 – Das kosmische Gleichgewicht - Die Zahl 2

Die kosmische Waage - Die Zahl 2 / Das Pendeln der Waage / Die 1 und die 0 / Der jeweilige Platz des Männlichen und des Weiblichen / Gott steht über dem Guten und dem Bösen / Der weiße und der schwarze Kopf / Zyklische Schwankungen und Gegenpole: Das Gesetz der Gegensätze / »Um die Wunder einer einzigen Sache zu verbringen« - Die Symbole der 8 und des Kreuzes

238 – Der Glaube versetzt Berge

Glaube, Hoffnung und Liebe / Das Senfkorn / Wahrer Glaube und persönliche Überzeugung / Wissenschaft und Religion / Der Glaube geht immer dem Wissen voran / Die Wiederentdeckung des verborgenen Wissens / Die Religion ist nur eine Form des Glaubens / Unsere göttliche Abstammung / Der Beweis für die Existenz Gottes ist in uns / Die Identifikation mit Gott /

239 – Die Liebe ist größer als der Glaube
Die Ungewissheiten des modernen Menschen / Der zerstörerische Zweifel: Einheit und Polariastion / Der heilsame Zweifel / »Dein Glaube hat dir geholfen« / »Dir geschehe nach deiner Einstellung« / Nur unser Tun bezeugt unseren Glauben / Bewahrt euren Glauben an das Gute

240 – Söhne und Töchter Gottes
»Ich bin gekommen, damit sie das Leben haben« / Das Blut, Träger der Seele / »Wer sein Leben retten will, wird es verlieren« / »Lass die Toten ihre Toten begraben« / »Gott hat die Welt so sehr geliebt, dass er seinen einzigen Sohn hingab« / Jesus, Hohepriester nach der Ordnung Melchisedeks / Der Mensch Jesus und das kosmische Prinzip des Christus / Weihnachten und Ostern

241 – Der Stein der Weisen
Über die Deutung der Schriften, Teil 1 und Teil 2 / »Was zum Mund hineingeht, das macht den Menschen nicht unrein...« / »Ihr seid das Salz de Erde«, Teil 1 und Teil 2 / »Wenn das Salz seinen Geschmack verliert...« / Den Geschmack des Salzes kosten: die göttliche Liebe / »Ihr seid das Licht der Welt« / Das Salz der Alchimisten / »Und wie alle Dinge aus dem Einen entstammen…« / Die alchimistische Arbeit: Die 3 über der 4 / Der Stein der Weisen, Frucht einer mystischen Vereinigung

242 – Unerschöpfliche Quellen der Freude
Gott, Ursprung und Ziel unserer Reise / Sich auf den Weg machen / Das Leiden als Antrieb / Gottes Antworten in sich selbst suchen / In der Schule des Lebens: Die Lektionen der Kosmischen Intelligenz / »Wie ein Fisch im Wasser« / Gegenüber himmlischen Wesenheiten eingegangene Verpflichtungen / Ohne Angst voranschreiten / Einzig das Licht des Geistes darf uns führen / Unsere Zugehörigkeit zum Lebensbaum / Was es bedeutet, ins »Ausland« zu gehen / usw.

243 – Das Lächeln des Weisen
Der Weise lebt in der Hoffnung / Wie ein Hirte über seine Schafe wacht / Die Grenzen unserer Seele schützen / Die Erwartung, die uns wach hält / »Wenn die Auge rein ist, wird dein ganzer Körper im Licht sein« / Der Ernst, das Tränen, das Lachen, das Feiern / Die Lampe des Weisen ist voller Heiterkeit / Die Sprache des Eisens und die Sprache des Goldes / Sieg über das Leiden

244 – Dem Licht entgegen
Um nicht mehr sagen zu müssen: wenn ich gewusst hätte…! / »Lass deine linke Hand nicht wissen, was deine rechte tut.« / Programm für den Tag und Programm für die Ewigkeit / »Seid nicht besorgt um den morgigen Tag« / Allein die Gegenwart gehört uns / Bevor die Sonne untergeht / Der Übergang ins Jenseits / Das Leben ohne Grenzen / Die Bedeutung der Bestattungsrituale / Unsere Beziehungen zu den Familiengeistern / Was ist der Wille Gottes? / Im Dienste des göttlichen Prinzips / Zum Altar des Herrn aufsteigen / Schreitet beständig voran / An der Schwelle eines neuen Jahres.

Vom selben Autor
Reihe Broschüren

VERLAGS-AUSLIEFERUNG

Éditions Prosveta S.A.
B.P. 12 – F-83601 Fréjus Cedex (France)
Tel. (33) 04 94 19 33 33, Fax (33) 04 94 19 33 34

DEUTSCHLAND
Prosveta Verlag GmbH
Grabenstr. 14, 78661 Dietingen
Tel. 07427-3430, Fax 0741-46552
E-Mail: info@prosveta.de
Internet: www.prosveta.de

ÖSTERREICH
Harmoniequell Versand
Hof 37/4, 5302 Henndorf
Tel. und Fax 06214 7413
E-Mail: info@prosveta.at
Internet: www.prosveta.at

SCHWEIZ
Éditions Prosveta
1808 Les Monts-de-Corsier 13
Tel. 021 921 92 18, Fax 021 922 92 04
E-Mail: editions@prosveta.ch
Internet: www.prosveta.ch

Auslieferungsadressen für weitere Länder finden Sie unter
www.prosveta.de/bestelladressen